고영조 제 Ⅷ 시집

길모퉁이 카페

시인의 말

쓰지
않으면
죽겠는가?

시를 쓰면
살겠는가?

- '릴케' 전문

| 차례

03 시인의 말

제I부
문 앞의 잔느

12 문 앞의 잔느
14 보리수
16 선
18 강
19 뉘
20 책
22 동전 한 닢
24 비디오
26 풍경 1
28 풍경 2
29 봄비
30 배롱나무
32 자객
34 눈
36 비극
38 꽃잎
39 별
40 의자
42 남천

제II부	44	꼴라주
꼴·라·주	45	폭풍의 언덕
	46	장인匠人
	47	구두
	48	인생 수업
	49	시간 1
	50	산책길에서
	51	그곳
	52	낙법落法
	53	기타 콘서트
	54	붉은 플라스틱 의자
	55	손
	56	반성
	57	장편掌篇
	58	피항

제Ⅲ부 스켓	60	스켓
	63	山
	64	감자
	66	조각보
	68	붕어빵
	70	징검다리 건너기
	72	목련
	74	클릭
	76	카톡
	78	窓 1
	80	窓 2
	82	窓 3
	84	窓 4
	85	窓 5
	86	窓 6
	87	窓 7
	89	窓 8
	90	窓 9
	92	두 개의 공간
	94	오늘의 꽃

제Ⅳ부 첼로	98	첼로
	100	망치
	102	길모퉁이 카페
	104	추억
	106	피아노
	108	두 여자
	110	매화
	112	봄밤
	114	장롱
	116	침묵
	117	오두막집
	118	몽당연필
	120	민들레꽃
	122	홍어
	124	유산遺産
	126	꿈
	128	사진
	130	집

제V부	134	창과 문
질문과 대답	135	명자꽃
	136	개똥참외
	137	허공
	138	발자국
	140	새참
	141	고슴도치
	142	찔레꽃
	143	질문과 대답
	144	오늘 쓴 詩
	145	직업
	146	슬픔
	147	유등流燈
	148	흑백다방
	149	5월
	150	비누
	151	핸드폰
	152	공간
	153	시간 2
	154	시간 3

155 고별
156 어머니
157 폐허
158 의미

159 詩와 辨明

제 I 부

문 앞의 잔느

문 앞의 잔느

저

종鐘

눈이 없는
문 앞의 잔느*

검은 드레스를 입고 있다

목을 길게 빼고
매달려 있다

1992년 이래
시작도 끝도 없이
녹슬고 있다

햇빛 속에
눈을 질근 감고 있다

폐교 교정

종지기 콰지모도
사과를 먹던 아이들도 가고 없다

눈이 없는
문 앞의 잔느

목을 길게 빼고 있다

해가 지고 있다

*모딜리아니 그림

보리수

성문 앞 우물 옆
보리수나무 아래 서 있다

― 슬프나 기쁠 때나
찾아온 나무 밑*

이별은 안개처럼 자욱했다

생의 마지막 순간에

제 몸을 찔러
노래하는 가시나무새처럼

슈베르트는 '보리수'를 남기고
잡던 손을 놓았다

그 목소리 들리는 듯
봄 언덕에 메아리치는

피셔디스카우의
絶唱

— 여기 내게로 오라 나그네여*

슬픔은 달콤하고
피어나는 무지개 같았다

그 음성 들으며
모자를 벗고 서 있다

가장 아름다운 노래는

멀리 떠난 연인의

가슴에 묻는다

*뮐러 詩 '보리수' 중

선

백지 한 장
선을 긋는다
위와 아래
나눠진 두 개의 공간
두 개의 처음
두 개의 끝
너와 나
같으면서 서로 다른!
우는 사람
울지 않는 사람
선 긋고
등 돌리는 순간
선 하나로
낯설어지는 결별
나를 떠나 처음으로
너를 떠나 처음으로

헤어져서 보인다
우리는 이미
우리가 아니다
선을 긋는다
하나에서 둘로
둘에서 아홉으로

강

새벽 황강에서 보았다
메꽃 넝쿨이 강기슭을 기어간 흔적

"~ ~ ~ ~ ~ ~ ~"
'모든 강은 흘러간다'

구불구불

몸으로 쓴 진흙 문자를 보았다

그날 쓰던 詩

다른 行은 모두 버렸다

뉘

내 밥에는 뉘가 많다

벗겨지지 않은
겉보리 알

바늘 끝 같은 순간이
혀를 찌른다

붉게 솟는 뾰두라지
내 몸의 뉘

못다 핀 꽃뉘 위에
눈 내린다

진종일 펑펑 내려서

그 뉘
하얗게 덮을지언정

책

그를 읽는다

푸른 잎과 노란 꽃의 책

물통을 이고 가는
초록 가지의 아가씨들

갸웃갸웃 나를 바라보는
가지위의 새들

그 생명의 말과 글
밑줄 치며 읽는다

"나무 안에는 아이들이 많아요!"
승리가 말했다

눈 번쩍 뜨고 다시 읽는다

작년에 읽었던 페이지
올해 다시 읽는다

읽을수록 새로운
나무라는 책

생명의 갈피마다
붉게 밑줄 치며 너를 읽는다

동전 한 닢

한나절 걷는 둑방길
물 한 병
소금 친 주먹밥 하나
그것뿐이다
오늘 나는 가난하다
언 손을 잡는
동전 한 닢
그것만으로 기쁘다
수삼리를 걷는 동안
한마디 말도 하지 않았다
나르는 새
물 위의 꽃
안녕!
눈길 설핏 던진다
사랑해
바로 오늘 길 위에서

처음 그 이름처럼

설렌다

모든 것이 그 안에 있다

비디오

벤치에 앉아
담배를 피는 사람도 있고
버스를 기다리는 사람도 있다
벤치에 앉아
전화를 하는 사람도 있고
사랑을 속삭이는 연인도 있다
벤치에 앉아
신문을 보는 사람도 있고
핸드폰을 보는 사람도 있다
벤치에 앉아
고양이 발을 닦는 여자도 있고
민들레꽃을 보는 사람도 있다
벤치에 앉아
아침 해를 보는 사람도 있고
지는 해를 보는 사람도 있다
벤치에 앉아

오늘은 누가 무엇을 할까
지나가는 사람들이
앉았다 일어서는
순간순간을
스쿰파 비디오처럼
창을 열고 내다본다

풍경 1

콩밭 누렇다

탈탈거리며
경운기 지나간다

흰 수건을 쓴 아낙을
옆에 태우고

늙은 농부 지나간다

길옆으로
벼가 누렇게

고개 숙이고 있다

아낙은

경운기 손잡이를
꽉 쥐고 있다

덜컹거리는 하루를
꽉 움켜쥐고 있다

누렇게

함께 늙고 있다

풍경 2

꽃그늘 아래서

마주 보며

도시락을 펼쳐 드는

봄날

무심하여라!

저 소소한 풍경 위로

여울지는

당신이라는

꽃잎

봄비

고추 모종 심고

부슬부슬

봄비 온다

반갑기로 어디

그만한 손님 또 있으랴

대문 활짝 열고

그 비 맞으며

그 비 본다

배롱나무

율하 유적공원의
배롱나무
옷 다 벗고 서 있다
토르소처럼
가지는 잘려지고
알몸뚱이로 서 있다
고인돌 아래 잠들었던
청동기의 골편들
공중으로 흩어지고
배롱나무가
그 육신을 대신해서
앙상한 늑골
드러내고 있다
빈 석관을 품고 있는
커다란 돌무덤들
수천 년 동안

시간과 몸을 다 태웠으니
이제 더 탈 것 없다
뼈만 앙상한 배롱나무
그마저도
옷 다 벗고
더 탈 일도 없다

자객

봄밤은 위험하다
언제나 수런거린다
소리 없이 다가오는
검은 그림자들
뒤에서 목을 겨누는
자객들
아찔하다
사랑한다고 말하기 전에
비수를 들이대는
사랑 위험하다
무방비로 노출된
오늘 밤이 더욱 불안하다
꽃그늘 아래 덜컥
커다란 달빛 자루에 담겨서
어디로 갈지 모른다
그게 더 위험하다

이 마법의 시간
정녕
아무도 모른다

눈

눈 온다

봉정암 마당에
내리는 눈 새롭다

관음폭포를 하얗게 감싸 안고
내리던
어제의 눈 새롭다

앞서가던 그대의 뒷모습
꽃잎 같은 다람쥐 발자국 새롭다

사각사각
주먹밥에 무김치 한 조각 씹는
점심 공양 거룩하여라

그때 까치발로
담장을 넘보던

네 움푹한 발자국

그 차디찬 눈

지금 두근거린다

비극

그녀는
소아 당뇨를 앓았다
꽃다운 시절에
아무것도 볼 수 없었다
한때 그녀는
키가 작다고
얼굴이 볼품없다고
열등감에 허우적거렸다
그러나 시력을 잃은 후
키가 작다는 것이
못생긴 것이
아무것도 아니라는 걸
깨달았다
비극은
모든 생각을 단번에
바꾼다는 것도 알았다

못생기고 키 작은 그녀는
눈을 감은 채
기타치고
노래하며 살고 있다
청중들을 향하여
핑크빛 조크를 날리며
한 떨기 수선화처럼
이 아름다운 세상에서

꽃잎

벚꽃 잎

맑은 시냇물에

하얗게 떠간다

너를 보내고 보는

저 꽃잎

오늘 문득 붉다

별

  초저녁이었다 평상에 팔 베고 누워있었다

  남희야 저기 별 좀 봐! 어디어디? 아무것도 보이지 않았다 흐릿하던 것들이 어둠 속으로 몸을 숨겼다 총총한 저 별이 안보인다고 정말? 언니가 소리쳤다 엄마가 달려오고 나는 허공에 손을 저으며 사시나무처럼 떨었다 그것으로 끝이었다 조금씩 흐릿하던 세상이 벼랑끝으로 무너졌다 어떤 일이 생겼는지 나는 몰랐다 누군가가 내게서 모든 빛을 빼앗아갔다 순간이었다 그렇게 장님이 되었다 그 어둠 헤치며 먼 길 돌아왔다 그러나 평생 꺼지지 않고 반짝이던 별이 하나 있다 엄마 등에 업혀 처음 봤던 별이다 그 별 품어 안고 더듬더듬 여기까지 왔다 오늘 등나무 그늘에서 듣던 그의 말들이 모두 별이고 詩였다

*시각장애인 ○남희 씨의 이야기를 발췌한 것임

의자

'사랑이'가 그린
나무의자
나는 진종일 거기 앉아 있다
네 다리가 튼튼한
사랑이의 의자
할아버지 여기요
여기 앉으세요
나는 거기 앉아
Misty를 노래한다
오! 안개와 같았던
청춘이여
내가 앉았던 의자들은
이제 낡았지만
이 의자는
낡지도 부서지지도
않을 것이다

생각해 보렴
이 세상 누구도
사랑을 부셔버리거나
뿌리째 뽑아
없앨 수는 없지 않겠는가

남천

눈 녹는
남천 울타리
붉은 열매
농염하다
가지에 앉은 새들
저리 분분하다
꽁꽁 언 추위에도
끄떡없었던
네 뜻
햇빛 속에
더욱 명료하다

제II부

꼴·라·주

꼴라주

껌벽*이라니 시애틀 어딘가 떼지어 뱉어놓은 껌이라니 그들은 너무 심심했던 거야 아무도 기다리지 않았던 거지 달면 삼키고 쓰면 뱉었지 지난날들이 저 껌처럼 덕지덕지했던 거야 상투적이고 진부했던 거지 줄을 길게 서서 앞사람의 그림자를 짓밟고 씹던 껌을 붙이는 거야 꾸역꾸역 검은 말조개처럼 모래가 된 시간을 뱉어내는 거지 몸과 몸을 뒤섞으며 도시의 바람벽에 이게 아니야 한 줌 권태를 찢어 던지는 거지 구름처럼 모여서 혁명을 하는 거야 얼룩덜룩 꼴라주를 하는 거지

*'The Gum Wall' 미국 시애틀

폭풍의 언덕*

하워드는 버썩거리고 무어는 질척거렸다 언덕을 오르는 발자국마다 빗물이 고여 있다 히스꽃은 아직 피지 않고 등성이에 납작 엎드려 있다 이따금 바람을 타고 울부짖는 히스클리프의 목소리 들렸다 이 황무지를 사랑했던 에밀리는 길 건너 교회 묘지에 잠들어있다 – 브론테 가족 여기 잠들다 몽환적으로 쓰여 있다 폭풍의 언덕을 썼던 목사관에는 그의 책상이 떠난 아침 그 모습 그대로 놓여있다 오 사랑하는 캐서린! 뜨거운 편지를 부쳤던 그 우체통 아직도 붉다 단 두 권만 팔렸다는 '세 자매 시집 기념품'을 사고 버썩거리는 하워드를 떠난다 우중충한 교회 지붕 위로 까마귀 낮게 날고 있다 이제 남은 것 없다 다만 그들이 몰아치는 바람 속에서 글을 쓰지 않으면 살 수 없었다는 것만 깨달았을 뿐 가난한 여행객으로 와서 분필로 쓴 열차 시간표를 보고 있다 우두커니, 기차는 곧 도착할 것이다

*에밀리 브론테 소설

장인匠人

　미셸 투르니에 산문에 '글을 읽을 줄은 모르지만 글을 볼 줄은 안다'는 사람이 있다고 했다 그 사람은 묘비명을 새기는 장인이라고 한다 읽을 줄 몰라도 볼 줄은 안다니! 그저 놀랍다 그는 '본을 주면 베껴서 새긴다'고 했다 읽지 않고 본다는 것이다 이해하는 것이 아니라 감각한다는 것이다 섣불리 읽으면 말이 분분하다 차라리 장인은 읽지 않고 보는 게 낫다 허투루 읽어 뭍으로 가는 사람도 있다 식자우환이다 인용을 핑계로 그 글 옮겨 쓴다 나도 입이 비뚤다 그러나 그곳에 가서 석수장이를 만날 수도 없고 '읽지 못해도 볼 줄은 안다'는 그의 말도 들을 수 없다 나는 읽기만 하고 보지는 못한다 감각은 죽고 관념은 넘친다 그게 궁궁하다

구두

 씨 뿌리는 사람*을 보았다 목이 긴 구두를 신고 있다 한 사람은 코가 뭉툭한 구두를 신고 있다 오른발을 내디뎌 땅을 단단히 밟고 있다 1886년에 그린 구두를 1888년의 씨 뿌리는 사람들이 신고 있다 하이데거는 농부의 구두라고 했다 샤피로는 고흐의 구두라고도 했다 그는 '나는 씨앗을 뿌리는 사람'이라고 했다 스스로 농부였다 그는 그가 그린 낡은 구두를 신고 있다 구두는 그냥 구두였다 울퉁불퉁한 아를의 대지는 해가 지는 노란 오두막 앞으로 펼쳐져 있다 그 땅을 밟고 씨를 뿌리던 고흐의 오래된 구두를 보고 있다 새로 태어나는 꽃 한 송이 보고 있다

*반 고흐 작품

인생 수업

 그들이 갠지스에서 장작더미 밖으로 튀어나온 맨발을 보고 있을 때 나는 유적공원에서 고인돌 아래 안치된 빈 석관을 보고 있다 그들이 삶이 어떻게 재가 되는지 보고 있을 때 나는 죽음이 지나간 텅 빈 흔적을 보고 있다 그들이 강가에서 불타는 현상을 보고 있을 때 나는 청동기 시대의 불 꺼진 상징을 보고 있다 오열하던 슬픔조차 없이 우리는 팔짱을 끼고 죽음을 구경하고 있다 죽음을 구경하다니! 나는 나의 죽음을 볼 수 없지만 나는 너의 죽음을 볼 수 있다 오늘 그걸 깨닫는다 인생이란 이름으로 살아온 너와 나의 한순간, 멀리서 잠시 마주 보고 있다

시간 1

  시간은 간다 시간은 강물과 같다 여기까지 온 것은 나의 시간, 거기까지 갈 수 있다면 그것도 나의 시간일까 그러나 나는 나의 시간을 모른다 이 시간에 대한 사유는 모두 그들의 생각이다 가고 오는 편견 없이 시간을 생각한다 산스크리스트어는 시간과 죽음이 같은 단어 '칼라kāla'라고 한다 시간이 사라지면 죽음도 사라지고 죽음이 사라지면 시간도 사라진다는 그 성찰 눈부시다 이 위대한 성찰 뒤에 사람이 있다는 것 더욱 눈부시다 순간순간이 유한한 시간의 한 조각일 것이다 흘러가는 시냇물 굽어보며 시간을 생각한다

산책길에서

 그들은 킥보드나 지쿠터를 타고 우리는 두 발로 꾸역꾸역 걷는다 그들은 레깅스나 청바지를 입고 우리는 헐렁한 몸뻬바지를 입고 있다 그들은 앞만 보고 달리고 우리는 지난날 생각하며 뒷걸음질로 걷는다 달리는 그들은 가벼워서 긴 머리 휘날리고 우리는 무거워서 빠진 머리 허옇다 그걸 보는 산책길에서 수건을 쓴 아주머니들이 막 피어나는 민들레꽃을 캐고 있다 젊은 그들은 스쳐 가고 그건 왜 캐요? 늙은 나는 궁금하다 몸에 엄청 좋대요 흰머리가 까매진데요! 대답하는 입 대신 흰 코로나 마스크만 조금 달싹거렸다

그곳

  오래된 화전민 마을 엎드려 있는 붉은 함석지붕들 쓰러진 담장 부러진 연장들 주저앉거나 엎어지거나 썩어가는 것들 한 집 떠나니 한 집 떠나고 한 집 쓰러지니 또 한 집 쓰러지는 곳 옹달샘 마르고 낙엽 켜켜이 쌓이는 곳 모든 길이 끝나는 그곳 아무도 오지 않고 아무도 가지 않는 그곳 뒤돌아보며 눈물짓던 누군가의 고향이었던 곳 모든 것들이 지워지고 까맣게 잊혀져가는 곳 본래 숲이고 땅이었던 그곳

낙법 落法

 떨어지는 것도 다 법도가 있어 공중제비 돌아서 제 몸을 맨바닥에 던지는 것도 법도가 있는 거야 몸에 힘주면 몸에 찔려! 낙법 심사하는 날 "힘 빼" 사범이 고함쳤다 오늘 표지 사진 찍을 때 카메라맨이 그랬다 "선생님은 100컷을 찍고도 뻣뻣해요 힘이 안 빠지고…" 48년이 지나서 그 말 또 여기서 듣는다 뻣뻣하다니? 아직까지 힘 빼고 아무 데나 털썩 주저앉지도 못하다니 맘 놓고 제 몸을 놓지도 못하다니 내가 나를 믿지 못했던 거지 언제나 불순하고 언제나 적의로 번뜩거렸지 가득 찬 물통을 쏟지 못하고 물 위의 기름처럼 둥둥 떠다닌 거지 그걸 금방 알아차렸어 이젠 솔직하게 맘 놓고 떨어져야 해 그게 낙법이야 그게 사진이야 더 이상 의식하지 마시게 탁자 위에 맥주잔을 놓듯 탁, 놓는 거야 맘 놓고

기타 콘서트

　준이가 기타를 끌고 다닌다 이 방 저 방 뒤뚱뒤뚱 뛰고 굴린다 기타가 문지방에 부딪칠 때마다 드릉드릉 울린다 막무가내로 끌고 달린다 '1975년 뉴욕아방가르드 페스티벌'에서 백남준이 바이올린을 끌고 가던 퍼포먼스 세 살 준이는 오늘 기타를 난생처음 본다 기타를 자동차처럼 배처럼 타고 논다 모든 것이 멋대로다 이 거칠 것 없는 막무가내! 황홀한 플럭서스를 본다 '난생처음'은 아침 햇살처럼 눈 부시다 기타와 논다 드릉드릉 노란 기타가 울린다 끌고 두드리며 그냥 논다 4분 33초* 기타는 이미 기타가 아니다!

*존 케이지 '4분 33초'

붉은 플라스틱 의자

 율하리로 가는 비탈길을 한 남자와 여자가 오고 있다 남자는 한 손에 붉은 플라스틱 의자를 한 손에는 여자의 반신불수를 움켜쥐고 있다 여자는 왼쪽이 무너지고 남자는 발자국을 내 디딜 때마다 기우뚱, 이쪽과 저쪽으로 무너진다 남자는 이미 기울어진 기둥을 두 손으로 꽉 버티고 있다 그는 쉼 없이 의자를 놓았다 들었다 하고 여자는 쉼 없이 섰다 앉았다 한다 그때마다 무너진 몸이 흔들리고 붉은 플라스틱 의자도 함께 삐걱거린다

손

 관동리 천사희망원 날개 없는 천사들 산책 중이다 뒤에 선 아이가 앞선 아이의 왼 손을 꼭 쥐고 있다 퍼즐처럼 손과 손을 마주 잡고 칙·칙·폭·폭 긴 방죽 길을 총총히 굽이지고 있다 "손 놓으면 안 돼요" 인솔 교사가 소리칠 때마다 단풍 진 언덕이 쩡쩡 울리고 소녀들은 깜빡 놓았던 손을 다시 잡는다 "선생님도 손잡아요 선생님은 누구의 손을 잡았다 놓았어요?" 말없이 묻는다 그래, 우리는 어느 길모퉁이에서 누구의 손을 잡았다 놓았던가 한사코 부여잡던 손길을 뿌리쳤던가 문득 어딘가에서 놓아 버린 인연을 본다 뚜우~ 경적을 울리며 기차가 지나간다 그림자가 기찻길 끝까지 아득히 펼쳐져 있다 너의 손을 잡으며 내가 너에게 기둥이 되고 네가 나에게 들보가 되는 천사들의 저녁 산책

반성

어제의 내 詩, 손이 너무 익었다 뻔질나게 드나들었다 덤불 속 생쥐처럼 한 길로 들락거렸다 전혀 낯설 것도 새로울 것도 없었다 아프지도 않고 뜨겁지도 않았다 시방서대로 자르고 결구했다 똑같은 지붕 똑같은 집 적산가옥 허물고 고작 연립주택 몇 채 지었다 드나드는 문짝마다 손잡이가 반질반질했다 어리석은 놈들 그 길목에 덫을 놓고 기다리면 영락없다 언젠가는 덜컥 갇혀 발목이 묶일 것이다 뻔질나던 그 시절도 갔다 너무 가까웠으므로 내 것이 아니었으므로 결국은 문을 닫고 떠날 수밖에 없을 것이다

장편掌篇

 꽃피는 날은 환장해서 아무 꽃이나 코 박고 들이댄다 가슴을 후비는 네 품의 아릿한 꽃향기, 돌아보지 말라 느닷없는 꽃내음에 귀싸대기 맞는다 하얗게 어제 핀 꽃 노랗게 오늘 핀 꽃 왼뺨 삐죽 내민다 추억도 병이야 때 없이 끙끙 앓는 신열, 꽃피는 날 나는 내가 무섭다 차라리 꽃잎 뜬 계곡물 얼굴 담근 채 벌컥벌컥 마신다 온 뺨이 얼얼하다 맑고 찬 이 맛, 정신 번쩍 드는 손바닥의 맛 추억의 아린 맛

피항

 큰바람 온다고 크고 작은 배들이 방파제 안에 모여 있다 몸과 몸을 단단히 묶고 고물과 이물을 맞대고 엎드려 있다 포승으로 손목을 묶은 포로처럼 고개를 숙이고 줄지어 엎드려 있다 그동안 생은 폭풍우를 앞에 두고 터무니없이 심각했다 너무 무거웠다 퍼붓는 빗줄기에 한때 뜨겁던 영혼마저도 둥둥 떠서 흘러갔다 쥐 죽은 듯이 엎드려 그저 아무 탈 없이 바람이 빠져나가기만 기다렸다

제Ⅲ부

스켓

스켓

처용단장 읽으며
스켓을 듣는다

뚜밥 뚜리 뚜밥

사바다는 사바다
멕시코는 어디 있는가*

김춘수도 가고
루이도 떠났지만

셀비어꽃 든 소녀들이
재재거리며

푸른 하늘 한 자락을
끌고 간다

웨이아랄라 레이아*

다리난간에 앉아
스켓을 듣는다

여름도 가고
가을도 간다

웨이아랄라 레이아~~
웨이아랄라 레이아~~

겨울이 오면
봄도 머지않으리*

웨이아랄라 레이아~~

여름도 가고
가을도 간다

겨울이 오면
봄도 머지않으리

웨이아랄라 ~~~
레이아~~~~~

*처용단장, 황무지, 서풍에 부치는 노래 등에서 인용구를 빌려옴

山

눈 덮인 산 다녀 온
이튿날 새벽
내 속에서 불쑥
산이 튀어나왔다
눈을 하얗게 머리에 인
처음 본 산
그 낯선 산
볼 때마다 움직이는 산
그 침묵의 산이
내 안에서 불쑥!
튀어나왔다
태어나서 처음 본
어머니의 얼굴
채 듣지 못한 말씀
그 산에 아득하다
창 열고
물끄러미
그 산 다시 본다
말 없는 산 다시 본다

감자

진종일
감자 여섯 이랑 심었다
씨감자 300쪽
병아리처럼 깨어나라고
부드럽게 흙 덮어 주었다
둥지 만들어 주었다
그동안 이 감자 먹기만 했다
오늘 그 감자 처음 심는다
오로지 나만 위해
염치없이 먹기만 했던 것
오늘 나누어야 할
너를 위해 심는다
쏟아야 할 사랑
더 깊어지면
기다리는 봄비도
잦아질 것이다

그동안 먹기만 했다
그 감자 처음 심는다
먹을 때 보이지 않던 것
심을 때 보인다
허리 굽혀 감자 심는 아내
오늘 더 고맙다

조각보

기억컨대
고향집에 단 하나 있던
할머니의 조각보는
헐렁했다
사방으로 얼기설기했다
짜임새가 헛간의 서까래 같았다
띄엄띄엄 모서리까지
손에 잡히는 대로
꿰맨 자국이 선명했다
삼베적삼 몇 조각
무명이불 몇 조각
구멍 나서 남은 것으로
할머니의 뜻만큼 꿰맨
조각보
이 무심한 할머니 솜씨는
옛집이 사라질 때까지

장지문 문고리에
한 시대의 상징처럼
버젓이 걸려 있었다
부뚜막의 식은 밥을 덮었던
그 헐렁한 조각보
언제나 꿉꿉하고 시큼한
할머니의 누런 조각보
그마저도 그리운 들길
오늘 걷는다

붕어빵

골목에서
아이들과 헤엄치던
붕어빵
관동리 5일장에서
투망 던져 잡는다
리어카에서
방금 건져 올린 붕어들
두 눈 말똥하고
몸은 뜨겁다
파닥거릴 때마다
금빛 뱃속에서
붉은 팥 쏟아낸다
그때 그 시절
너무 멀리 왔다
쉬쉬쉬 몰아 놀던
배고픈 물고기들

이제 다 어디 갔을까
정든 골목에서
네가 건네주던
그 붕어빵 한 봉지
뒤돌아보며
벚꽃 잎 지는
횡단보도 건너간다

징검다리 건너기

다 말할 수 없다면
건너뛰자

한 발짝 들고

한 행

건너가자

그 여백으로
물 흘러가게 하자

말할 수 없는 것은
침묵해야 한다

띄엄띄엄

디딤돌 열세 개

빈 행간 열두 줄

발 벗고 건너가자

목련

꽃 필 때
너는 우아하고
꽃 질 때
너는 화려하다
뜰 앞 가득
네가 뿌린 꽃잎 하얗다
오직 너를 위하여
봄은 오고
봄은 간다
그것만으로도 축제다
베르테르의 편지*를 읽던
그 사랑
너무 강렬해서
꽃그늘 아래 눈부시다
차라리 꽃 지는 오후
그 꽃잎 위에 누워

봄 하늘 보고 싶다
미련 없이 손을 놓는
저 꽃잎
이것이 낙화다!
하얗게 흩날리는
봄날의 퍼포먼스
그 목련 눈물겹다

*박목월 시 '목련' 중

클릭

↓

저장하시겠습니까?

네

클릭!

파일에 담는다

담아야 할 가슴도
목이 메던 사랑도 없다

클릭 한 번으로

너는 내 속에

나는 네 속에 담긴다

구르는 돌멩이처럼
잘려진 가지처럼

아무렇게나
아무 데나

공중에 던져진다

새가 앉았던 가지에

이슬 맺히듯

카톡

'ㄸㄸ'

그가 다녀가셨구나

내가 꿈꾸는 사이
장지문 빼꼼 열어보고

까치걸음으로 가셨구나

동트는 새벽
눈길 끝까지

'ㅅㅅㅅㅅㅅ…'

새 발자국 남겨놓고

왔던 길 멀리
되돌아가셨구나

안녕!

한 사람 가면
또 한 사람

'ㅜㅜㅜ'

홀로 눈물지며 가시는구나

窓 1

샤갈의 그림에는
창이 많다
'탄생'에는
창이 사과처럼
열려있다
사과가 달려있다가
아니라
사과가 열려있다
사과는 모두
창을 열고 있다
침대 위의
비테프스크*의 여자
그 창도 열려 있다
다리를 활짝 벌린
창을 박차고
1911년생

샤갈 그림을 위한 9개의 변주

푸른 유대 아이가
태어나고 있다
고향 비프를 향하여
샤갈의 창이
뜨겁게 열려 있다

*샤갈의 고향

窓 2

샤갈의 대표작
'나의 마을'
소와 사람이
마주 보고 있다
소와 사람의 창이
열려 있다
사람은 소에게
소는 사람에게
서로의 안을
보여주고 있다
마주 보며
서로의 안을
들여다보고 있다
그들은 소도 사람도
사람도 소도 아니다
사람의 몸에

소의 얼굴을 한

반인반수

한 몸으로 열려 있다

窓 3
– 김영민 목사에게

1910년 작
샤갈의 '빵집'은

붉은 집이 온통
창이다

열린 창 아래

노란 빵이
겹겹이 쌓여있다

그 빵은
잘 익은 창을 가지고 있다

하루의 빵을 주신
하느님!

어린 양들을 위해

두 팔 벌려

창문

힘껏 열려있다

窓 4

그의 그림
'시골 창가'는
커다란 창을
가졌다
그 창 가렸던
흰 커튼
접혀져 있다
바라보는 두 사람도
함께 열려 있다
자작나무 숲 위로
초록 두 사람
몽환처럼
떠 있다
더 아름다울 수 없다
커다란 창은
활짝 열려서
누구도 닫을 수 없다

窓 5

'환영'은
천장이
하늘을 향해
열려 있다
은빛날개가
바닥을 스치는 순간
천사는
하늘로 날아갔다
저 멀리
은하수로 가는 길
천장은
님이 오고가는
천사의 길목
꿈과 몽환의 길 위에
푸른
'하늘 창문'이 있다

窓 6

키스를 하는

'연인들'은

온 몸이

창이다

그 열린 창으로

목마른 사랑

들불처럼 타 오른다

오늘 그 창문

너무 뜨거워

다 타고 재가 되리

窓 7

말더듬이 샤갈은
사랑한다고
그림으로 말했다
조각조각 부서진 말들은
파편일 뿐
한 눈에 볼 수도 없다
사랑한다는 말 대신
벨라를 껴안고
비트프스크 하늘을 날았다
그의 초록 자켓과
벨라의 프릴치마가
흰구름 같이 나부꼈다
구름위로 나르는
두 마리의 새를 보려고
닫힌 집들이
일제히 창을 열었다

공중에서 마법같이
닫힌 창을 열었다
마을을 배경으로
그들은 서로에게
파랗게 스며들었다
말없는 사랑이
더 깊었다

窓 8

8살 '이다'가
창가에 앉아 있다
붉은 꽃병을 앞에 둔
이다는
초록 원피스를 입고 있다
구름 사이가 열리고
파란 하늘 눈부시다
자전거를 탄 우체부가
볼레아 언덕을 지나간다
곧 가을이 온다
한여름 내 그는
가슴속에서
비둘기를 키웠다
오늘 그 새
공중에 날린다
'비둘기를 놓아주는 노아'
창은 푸르고
비둘기는 하얗다

窓 9

전쟁이 터지고
그의 그림에서
창이 사라졌다
아비뇽 근처 망명지
모든 창문은 닫혀있다
창마다
흰 커튼이 처져 있다
굳게 입 다물고 있다
'전쟁'에서는
집과 창이
거꾸로 매달려 있다
불타버린 마을에는 이미
한 개의 창도 남지 않았다
열어야 할 창도
닫아야 할 문도 없다
사방이 막혀 있다

살아있다면 어딘가
몸을 숨겨야 했다
그 때부터
샤갈의 窓도
희미하게 지워져 갔다

두 개의 공간

이쪽에서 저쪽을 본다
저쪽에서 이쪽을 본다
주차장을 사이에 두고
내가 사는 앞동과
네가 사는 뒷동이
마주 보고 있다
무성영화의 한 컷처럼
우두커니 보고 있다
멀리서 두 그루의 나무가
강을 사이에 두고
물끄러미 마주 보고 있다
두 개의 공간,
뒷동에 사는 그는
나를 모르고
앞동에 사는 나는
그를 모른다

모르는 채로 몇 년
어느 날 이삿짐 싣고
그들은 떠났다
아직도 나는 그를 모르고
그도 나를 알 리 없다

오늘의 꽃

시냇물 사이에 두고
피고 지는 꽃들
순간순간 태어나는
들숨과 날숨 본다
방죽에 앉아
너와 함께 마시는 차
오늘 더 따스하다
언제였던가
마주보며
당신과 함께
다시 태어난다
새로운 것은 없다
다시 태어날 뿐이다
내 속에서 피고 질뿐이다
그걸 몰랐다
어제 핀 꽃은

어제 태어난 꽃
오늘 핀 꽃은
오늘 태어난 꽃
그 꽃들 보려고
설레며
눈 번쩍 뜬다

제IV부

첼로

첼로

난청이다

귀 대신
눈으로 듣는다

첼로를 끌어안은
벌거벗은 '망세'

천사les anges를
눈으로 듣는다

몸이 첼로인 그대

몸에서 몸으로
귀에서 눈으로

두 개의 공명을 두드리는
한 몸의 관능을 본다

가까이 더 가까이
떨리는 소리의 몸짓

나지막이 말 건네는
우리들의 천사

내 머릿속에 춤추는
맨발의 천사

망치

사흘 밤낮
노고단에 내리는 눈

산과 계곡에 엎드린
숨죽인
강습병들

내가 침묵이라고
말할 때

망치로
사정없이 내려치는 눈

그 생각마저도
하얗게 후려치는 눈

한 손에
망치를 든

눈

창을 열고 내다보는

물물의 집들

길모퉁이 카페

'길모퉁이 카페' 앞에
앉아있다
다리가 부러진 간이의자에
기우뚱
앉아 있다
지나가는 사람들
앞이 보이지 않은 듯
왼쪽? 오른쪽?
어느 쪽으로 가려는지
기웃거린다
이곳 저곳
냉이꽃 하얗게 피어있다
가던 길 멈추고
한 사람
벚꽃 잎 흘러가는
시냇물 굽어보고 있다

벚나무가지가
시냇물 쪽으로 휘어져 있다
사람도 나무도 구부정하게
시냇물 함께 보고 있다
길모퉁이 의자에
그림자 함께 앉아 있다
봄날 오후 잠시
다리가 부러진!

추억
– 이승규에게

능내리
다산생가 있는 그 강가
강물에 떠내려 온 땅버들
50년이 훌쩍 지났지만
자자손손 아직도 살고 있다
어디서 온지도 모르는 졸병들
그 땅버들처럼 떠 밀려와서
강바닥 모래 퍼 올려
벙커 빔 만들며 살았다
3년 동안
아무렇게나 던져져
아무데나 눕고
아무데나 발 뻗고 살았다
강물이 쉼 없이 모래를 실어 나르는
두물머리 근처
뿌리 뽑힌 채 둥둥 떠다녔다

같은 소대 이승규하고
오늘 그 강가에 가서
공병대대 그 자리
무수한 땅버들 보고 왔다
아름다운 추억 보다
배고픈 추억이 더 깊다는 걸
둘이서 똑똑히 보고 왔다

피아노

2학년 찬희가 만든
까만 색종이 피아노를
노란 색종이 사람이 치고 있다
쿨라우 소나티네 1번
빠르고 느린 한 악장이 끝났다
나는 브라보 하며
박수를 세 번 딱·딱·딱 친다
피아노를 치던 색종이 사람이
할아버지 이 곡 어땠어요? 묻는다
나는 또 박수를 세 번 치고
브라보 하고 외친다
까만 색종이 피아노와
노란 색종이 사람은
모두 벽에 걸려 있다
벽에 걸려서도 소리가 영롱하다
곧 베토벤 '월광'도 칠 수 있어요

노란 색종이 사람이 말했다
나는 오늘도
객석의 맨 앞자리에 앉아
커피를 마시며 시를 쓰고
찬희가 만든
색종이 사람의 연주를 듣고 있다
할아버지 제 피아노 솜씨 어때요?
색종이 사람이 묻는다
나는 또 브라보 하며
박수를 세 번 딱 · 딱 · 딱 친다

두 여자

두 여자가
안락의자에 앉아 있다
앞은 바다고
앉은 곳은 땅이다
한 여자는
푸른 코트를 입고 있고
한 여자는
흙빛 점퍼를 입고 있다
그들은 바다를 바라보다
한 자락씩 당겨
어깨까지 덮고 있다
한 여자가 보내온
수선화 두 송이
봄바다에 둥둥
함께 떠가고 있다
내게 보낸 이 사진

푸른 물이 뚝뚝 흘렀다
두 여자가
덮고 있던 바다를
하나씩 들고 왔다
은빛 숭어처럼 푸들거렸다
깁스를 한 여자가
왼팔을 들고
멋쩍게 싱긋 웃는다
3월이 가고
깁스를 풀면
이 바다도 더 깊어질 것이다

매화

그가 누군지 몰랐다
그냥 지나쳤다
낡은 코트
행색이 초라했다
그리고 오늘
아홉 개의 봉오리
다섯 송이 하얀 꽃
마침내 그를 보았다
그는 매화였다
지나가는 사람들
발길 멈추고
이꽃 좀 봐! 소리쳤다
그가 거기 서 있는 걸
아무도 눈치 채지 못했다
철저히 방치되었다
상관할 바 아니었다

봄 하늘에
아무렇게나 던져진
무심한 꽃
다섯 송이
오늘 피었다

봄밤

팔짱을 끼던
너는 갔지만

아직도 너는
가지 끝에 매달려 있구나

가던 길
굽이굽이 질 동안

얼마나 많은 꽃들이 졌으랴만

잘린 손가락
아리 듯

내 팔은 절로 아프구나

그걸 다 아는 듯

저 꽃 한 송이로

내 몸을

훤히

들여다보는

봄밤만 깊어라

장롱

빛바랜 장롱
버려져 있다
모자를 삐뚜루미 쓰고
담벼락에 기대 서 있다
그 닫힌 서랍 속의
털실 한 뭉치
굳게 닫힌
발자국 소리 들린다
겨울밤 깊어지고
장갑 한 짝을 다 뜰 동안
남자는 끝내
오지 않았다
모자를 삐뚜루미 쓰고
흥얼거리며
비탈길 올라오던 그 사람
등촉 밝히며

기다리던
머리맡의 장롱
마침내 버려져 있다

침묵
– 코로나19

마스크 쓰고
입 닫으니
아무도 뭐랄 사람 없다
왜냐하면
그들도 모두
마스크를 쓰고
입을 굳게
닫았기 때문이다
몽둥이를 치켜든
한 시대의
이 거대한 굴종
보이지 않는 손으로
누군가
침묵의 재갈을
물렸기 때문이다

오두막집

청도 지나
어디쯤

국도 따라 반짝이는
농가의 불빛

아직도 나를 기다리시는

저 어머니의 불빛

문틈으로 새어나온
지상의 별빛

웅크리고 비를 맞던

내 안의

오두막집

몽당연필

어제는 설 쇠고
오늘은 봄 온다
봄 오고 겨울 간다
온만큼 가고
간만큼 온다
쓰고 남은 연필같이
가는 날 무겁고
오는 날 짧다
손가락만큼 남은
몽당연필
이제 미워할 일도
사랑할 일도 없다
봄 햇살에
그림자 길게 늘어지면
밤이 오고
솔부엉이 푸득거리며

날개를 폈다 접었다 한다
그 사이
아이들 성큼 크고
노인정 갔던 할머니들
조심조심 돌아오신다

민들레꽃

민들레꽃
새끼들 우르르 데리고
이 곳으로 이주했다

버스정류소 벤치 아래
창문 열고
빤히 내다보는 눈망울들

저렇게 많은 새끼 꽃이라니!

필경

그 어미 꽃
이 집에서 저 집으로
밤 마실 다녔을 것이다

그 수상한 야행들
창문 빼쪼로미 열어놨을 때
알아봐야 했다

그 내통이
불같았을 것이다

어제 오늘 일이
아니었을 것이다

바깥이 궁금한 새끼들

우르르 때 없이
내다보는걸 보면

홍어

택배로 부쳐온

영산포 産
홍어를 먹는다
코를 쥐고 먹는다

앙앙불락
남모르게 삭히고
견뎌온 것들

애간장 끓이던
아린 그 맛 먹는다

코를 뚫고 파도치는
시퍼런 바다 무서워라

짚더미 속에서 몸을 구르던
썩어도 썩지 않는
발효의 시간을 먹는다

하얗게 물보라 치는

영산포 파도 먹는다

유산 遺産

재가 되고 난 후

강철 철심 여섯 개
목발 두 쌍

그걸 남기셨다

평생 아버지를 떠받친 것들
부서진 대퇴골을 대신한 것들

그 고통과 연민을 남기셨다

전쟁이 한창이던 그 해
대구육군병원 앞에서

훌쩍거리며

깡보리밥을 떠먹이던

어머니의 캄캄한 눈물
그 뼈아픈 슬픔도 남기셨다

떠나시고 15년

그 유산 모두
용서받고 용서하며

설날 아침

고향 바다에
고요히

이제 돌려 드린다

꿈

지난 밤 꿈에
아버지 다녀가셨다

'遺産'이란 시를 쓴
그날 이었다

내가 고향 바다에 돌려드린
유산을
거둬 가시려고 오셨다

전쟁과 상처를
모두 담아 가시려고 오셨다

15년 만에 처음으로
내 꿈길 밟고 오셨다

생시처럼 말없이
지팡이도
목발도 없이 오셨다

깜짝 놀라 깼더니
아버지 벌써 가시고

꿈만 남았다

생시 같았다

사진

꽃 같은 처녀들

아침에 핀 복사꽃
찍는다

와아
그 꽃 찍는 처녀들

꽃잎 같은 마음을

나는 가슴에 찍는다

봐도봐도 질리지 않는

한 장의 사진

두근두근

그 님 보시라고

봄 하늘에 날린다

집

우리 동네 시냇가
개복사꽃 붉게 폈다
작년에는 없었다
지난여름
개똥참외 따라서
이사 왔을 것이다
아이들 뛰노는
징검다리 건너
제집인 양 능청스레
터를 잡고 앉아 있다
한 여자 이 꽃 본다고
치맛자락 흘린 줄도 모르고
쪼그리고 보고 있다
어디든 집을 짓는
아름다운 목숨들
개망초 수레국화도

꽃씨 떨어진 그곳이
제 집이려니
개복사꽃 환한
관동리의 구름초당
너와 함께 선방 든다

제V부

질문과 대답

창과 문

시인은
창을 만들고

목수는
문을 만들고

우리는
창문을 만들었다

스스로
감옥을 만들었다

명자꽃

만지면
새가 되는 꽃
오늘 아침 핀
그 꽃
붉은 깃털
초록 부리
그 꽃
만지면 푸드득
하늘로 날아가는
그 꽃
진분홍 처녀꽃

개똥참외

시냇물 따라
흘러온

개똥참외

볼기짝
허옇게 드러낸 채

모래톱에
마냥

퍼질러 있다

허공

나는 잊었네

새가 날아간 허공에

새가 있었음을!

새를 잊었으므로

거기

허공이 있었네!

발자국

눈 덮인
山

빈 허공이다

새들이
허공을 나르듯

그 허공을
두 발로 걷는다

언젠가는
눈 위에 찍힌
발자국마저도

허공을 나르던

새의 길처럼

바람 속에

지워지리

새참

밭둑에 앉아
새참으로

늙은 아내와
나눠먹는

감자 세 알

고슴도치

나를

있는 그대로

사랑해 주세요

제발

너무 꼭

껴안지 마세요

찔레꽃

찔레꽃 덤불에
숨긴

뱁새 둥지

초록 새알
네 개

가만히 손 넣어 보았네

어미 새 금세 날아간 듯

지금도 따뜻한 새알

이 초록불빛 보이지?

내게 묻네

질문과 대답

눈 내린 숲

새는 그 위에
하얀 발자국을 남겼다

숲길 끝까지 이어진

조그마한 상형문자들

눈 위에
썼다 지우는

있음과
없음

저 놀라운
질문과 대답

오늘 쓴 詩

쓰던 詩 덮고
매화 보러 간다
모르는 사이
붉은 가지에
꽃봉오리 맺히는 일
얼마나 놀라운가
오늘 새삼
진저리친다
놀라는 것이
어제 다르고
오늘 다르다
오늘 쓰는 시는
방금 본
꽃봉오리 두 개

직업

한 사람은
현수막 광고를
높이 걸고

한 사람은
사다리를 걸치고
그걸
땅에 내려놓는다

슬픔

네가 떠난
올해는

눈이
참 많이도 오네

유등 流燈

남강 위에

밝혀든

빈자일등 貧者一燈

그 마음 그 사랑

너무 뜨거워

차디찬 강물에

두 손을 담그네

흑백다방

우리는 무엇인가 되려한다

그러나 이곳에 와서 보라

흑백다방은 그런 생각을 부수어
먼지로 흩어지게 한다

SINCE1955 흑백

낡은 시간을 만지며

봄날 저녁
내 몸 속에서 울리는

바스락 거리는 소리

고요히 듣는다

5월

관동리
농가 마당의
빨래집게

초록하늘
한 조각을

붉은 입술에
물고 있다

비누

제 몸을
삼켜서
그는 비누였다
그러나 다
썼으므로
비누도
말도
없다

핸드폰

지나가는 사람들
모두
핸드폰 보며
간다

그 속에
누가 있다

공간

클레이아크
도예 展

작가들이 쇠톱으로
도자기를 자를 때

나는 잘려진
한 쌍의

텅 빈 공간을 보았다

시간 2

벤 손가락

피가
멎고 있다

응고되고 있다

밭둑에 앉아서

시간 3

시멘트 굳기 전

누가 밟고
지나갔다

발자국 다섯
선명하다

무심히 건너간

새벽 꽃잎

굳고 있다

고별

부디
더디 가시라고

길은
모퉁이에서

슬쩍
굽어진다

어머니

그때
무덤은 다 파헤쳐
없어지고

나는 내 속의 무덤을
파헤친다

어머니가
거기
계시므로

폐허

나는
오늘의 나이고
어제의 나이고
겹겹이 쌓아놓은
한 뭉치
폐허다

의미

詩의
폭력으로
너를 밟고
일어설 때
너는
부서진다

詩와 辨明

1. 내 시의 미니멀리즘

　시에 대한 정의는 많다. 나는 그 정의를 다 믿지 않는다. 그리고 정의를 핑계로 온갖 답습과 강요도 진부하다. 그래서 선 뜻 시가 무엇이라고 말하기 어렵다. 시를 다 아는 것 같아도 막상 말하려면 할 말이 없다. 이것 또한 변명이다.

　단순해지기로 했다. 짧게 최소한의 이미지만 쓰자.
　시어는 오직 그 혼자서도 하나의 이데올로기라고 하지 않았던가!

준이가 말했다

'엄마가
날 미워해요!'

생후 750일에 태어난

미움의 말!
- 말/ 2009

두 살 화자를 통해 미움이란 말이 새로 태어나는 것을 본다. 미워하는 마음이 아니라 사랑을 갈구하는 마음이 '미움'이란 말로 태어나는 것을 본다. 그 말을 잉태한 어린 가슴이 경이롭다. 시가 무엇인가! 처음 태어나는 이 말이 시가 아니겠는가. 그는 이 말을 통해서 세상 안으로 들어간다. 새로 태어난 준이의 말, 참으로 싱그럽다.

한 사람의
인간
한 권의
시집
- 시집/ 2009

쓰지 않으면
죽겠는가?
시를 쓰면
살겠는가?

- 릴케/ 2008

  이 시는 내적 필연성에 대한 릴케의 말이다. 행을 만들어서 시로 바꾼 것이다. 이를테면 복제다. 사진을 찍고 편집을 한 것이다. 팝아트 같은 것이다.
  시집 한 권이면 그 사람을 다 말하고도 남을 것이다. 내 경우에는 어떨지 모르겠다. 나를 보고 '詩하고 사람이 다르다'고 말하는 이도 가끔 있기 때문이다.

관동리
농가 마당의
빨래집게

초록하늘
한 조각을

붉은 입술에
물고 있다

- 5월/ 2019

나는 이런 이미지를 좋아한다. 빨랫줄을 문 빨간 빨래집게… 초록하늘… 시가 이만하면 자족할 만 하다. 말하는 것만 세계가 아니다. 행간도 읽어야 한다. 시인이 짐짓 말하지 않은 것, 그것을 찾아보는 것도 즐거움이 아닌가.

> 제 몸을
> 삼켜서
> 그는 비누였다
> 그러나 다
> 썼으므로
> 비누도
> 말도
> 없다
>
> — 비누/ 2020

'得意忘言' 뜻을 얻었으면 언어를 잊어버리라고 장자가 말했다.

다 썼으므로 비누도 말도 없다.

뜻을 얻었으면 언어를 잊어버리라니?

시와 언어는 이렇게 하나의 질문으로부터 시작된다.

장자가 지금 여기 있다.

지나가는 사람들
모두
핸드폰 보며
간다

그 속에
누가 있다

- 핸드폰/ 2019

핸드폰이 없는 세상을 생각할 수 없다. 어쩌다 이렇게 되었는가. 나도 너도 다 그렇다.

핸드폰 모닝콜로 눈을 뜨면서 하루가 시작된다. 밥을 먹으면서도 길을 가면서도 핸드폰을 본다. 정녕 그 속에 누가 있다. 연인이든 친구든 누군가가 그를 기다리고 있다.

기다리는 사람이 없으면 핸드폰을 볼 까닭이 없다. 그래서 핸드폰이 있는 한 외롭지 않다.

역설적으로 우리는 정말 외롭기 때문이다.

2. 내 시의 공간과 시간

    나는 11층에 살고 있다 나는 10층 길수네 지붕에 살고 있다 길수네 지붕에서 의자에 앉아 신문을 보고 있다 우리집 지붕에는 점택씨가 살고 있다 점택씨는 엘리베이터로 흙을 퍼 올려 야생화를 기르고 있다 점택씨의 야생화는 허공을 건너가려고 발코니 추녀에서 고개를 길게 내밀고 피어 있다 준이네는 점택씨의 지붕에서 귀가 축 쳐진 개 두 마리를 키우고 있다 개들은 12층 지붕에서 양은 밥그릇을 뒤엎으며 싸우고 있다 14층 중년부부는 어제 이사가고 13층 지붕에는 아무도 없다 아무도 없는 그 집 지붕에는 안동 할머니가 혼자 살고 계신다 안동 할머니는 병산서원의 참새처럼 아침이면 지상의 노인정에 내려 왔다가 해가 지면 14층 지붕으로 올라가신다 그리고 아파트가 끝나는 할머니의 지붕위에는 하늘이 있다 아파트가 하늘 한 귀퉁이에 꽉 박혀 있다 안동 할머니의 지붕에서 바라보는 하늘에는 커다란 하늘 티브이가 있다 하늘 티브이에는 밤이면 안동 할머니의 소금배를 싣고 하회를 굽어 도는 푸른 은하수가 있다 나는 길수네 지붕에서 신문을 보다 문득 흰 구름 떠가는 안동 할머니의 머리 위에 펼쳐진 하늘 티브이를 함께 보고 있다.

                                        - 지붕/ 2008

이 시 「지붕」은 서른 개의 공간을 층층이 쌓아 올린 아파트를 주제로 한 시다. 609동이라는 단일공간을 가구별로 분해해서 개별화 했다. 우리는 아파트를 통째로 본다. 15층이면 양쪽으로 30세대가 살고 있는데도 그렇게 본다. 의식이 그렇다. 나는 그 속에 파묻혀진 나와 이웃을 이 시를 통해 만나고자 했다.

　피카소는 몸을 하나하나 떼어 놓고 그린다. 따로 본다. 사물을 개별적으로 인식한다는 것이다. 다르겠지만 근대시는 이미지의 유기적 결합과 통일성을 매우 중요시 한다. 같이 보려고 한다. 그러나 대상을 떼어 놓고 봐야 할 때도 있다. 떼어 놓고 보자! '지붕'이 그것이다. 구슬을 꿴 목걸이를 잘라야 구슬 하나하나를 볼 수 있다. 떼어놓고 보자. 차이와 다름을 보자. 그러면 보이지 않던 것도 보이고 나도 보이지 않겠는가.

　"꼭대기 층인 15층의 위에는 실제 아무 것도 없다. 허공인 하늘만이 덩그러니 놓여 있을 뿐이다. 그런데 시인은 거기에 허공이 아닌 커다란 '하늘 티브이'가 있다고 생각한다. 그리고 그 '하늘 티브이'를 통해 은하수를 바라본다.

그는 그 은하수에서 할머니가 밤마다 '소금배'를 타고 '하회를 굽어' 돌고 있다고 상상한다. 이 구절들에서 우리는 시적 화자의 내면에 떠오르는 이미지들의 연속적인 흐름을 발견하게 된다." 김유중 교수의 말이다.

> 클레이아크
> 도예 展
>
> 작가들이 쇠톱으로
> 도자기를 자를 때
>
> 나는 잘려진
> 한 쌍의
>
> 텅 빈 공간을 보았다
>
>   - 공간/ 2019

도자기를 자르는 퍼포먼스, 도자기가 두 쪽으로 잘리면서 공간도 두 개로 쪼개지는 것을 보았다. '공간을 자른다!' 이 시의 눈은 거기에 있다. 더 붙일 말이 없다. 그릇의 쓰임은 공간이다. 노자가 말했다. 그 공간을 둘로 나눈 것이다.

시인은
창을 만들고

목수는
문을 만들고

우리는
창문을 만들었다

<u>스스로</u>
감옥을 만들었다

- 창과 문/ 2019

시인은 시적 상상력으로 무한한 공간을 만들고 목수는 문을 만들어 그 공간을 분리한다. 우리는 창과 문을 결합하여 꽝! 하고 닫는다.

벤 손가락

피가
멎고 있다

응고되고 있다

밭둑에 앉아서

- 시간 2/ 2019

시멘트 굳기 전

누가 밟고
지나갔다

발자국 다섯
선명하다

무심히 건너간

새벽 꽃잎

굳고 있다

- 시간 3/ 2019

  누가 흐르는 시간을 보았는가. 누가 내 마음을 보았는가. 시인은 그 시간과 마음을 본다. 시간과 감정도 이미지로 시각화되고 공간화 되면 보인다. 나는 그런 이미지를 즐겨 쓴다. 공룡발자국을 보며 수 만 년 전의 시간을 느끼듯 콘크리트를 밟고 간 강아지의 시간도 본다. 벤 손가락의 피가 응고되는 짧은 시간도 함께 본다.

부디
더디 가시라고

길은
모퉁이에서

슬쩍
굽어진다

- 고별/ 2009

　가는 시간이 안타까울 때가 있다. 작별하는 시간이다. 이렇게 안타까운 순간을 굽어지는 길을 통해 느릿느릿 이미지화 했다. 떠난 사람이 어쩌면 돌아올 줄도 모르는 일이다. 시는 그렇게 가능태로 열려있는 것이다.

3. 내 시의 탈 의미

> 달빛아래 핀
> 하얀 깨꽃
> 그 속에 여물어 가는
> 까만 참깨
>
> - 관념/ 2020

참깨가 까맣다고 지레 짐작하는 것은 관념 때문이다. 이런 언술은 지배적이다. 지양해야할 일이다. 차라리 달빛아래 핀/하얀 깨꽃-이 좋다. 사물을 있는 그대로 묘사함으로써 감상을 독자의 몫으로 남겨야 한다는 게 내 생각이다.

시는 언어의 폭력이다. 일상적 언어는 나날이 쌓여진 폐허의 언어다. 시 「폐허」와 「의미」는 깜박이는 작은 신호다. 내 시의 묘사는 관념의 밖으로 탈출하려는 하나의 몸짓인 셈이다.

> 나는
> 오늘의 나이고
> 어제의 나이고
> 겹겹이 쌓아놓은

한 뭉치
폐허다

- 폐허/ 2018

詩의
폭력으로
너를 밟고
일어설 때
너는
부서진다

- 의미/ 2007

썰물 빠져나간
모래톱
꼬마물떼새의
발자국
아주 잠시

- 썰물/ 2020

그는
충무나 통영에 있지 않고

언제나 퇴영에 있다
한려수도의 맞바람을 맞으며
호주 선교사네 울타리에
비스듬히 기대 있다
붉은 죽두화가 피어 있다*
말더듬이 일자무식 사바다*
동호동 61번지에는
속이 텅 빈 낮달이 떠 있다
아내의 신발을 신고
중섭도 가고 샤갈도 가고
후박나무 잎을 두드리며
후두둑 소나기가 내린다
비를 맞으며 동호동 언덕길을
한 사내가 가고 있다
검은 망토를 입고 있다
울고 간 새와 울지 않는 새가
만나고 있다.*

*선생의 시에서 인용

- 김춘수/ 2004

이 시는 2004년 통영문협이 주관한 김춘수 시인의 영결식에서 '추모낭독시'로 쓴 작품이다. 고인에 대한 마음을 '슬프되 슬프지 않고 울되 울지 않고' 쓴 시다. 그가 즐겨 쓰던 구절을 인용하고 탈의미화해서 포즈가 잔잔하다.

그는 1976년 진해문학 강연에서 자신의 고향을 '통영'이라고 하지 않고 '퇴영'이라고 했다. 퇴영~~~히아신스를 히시안스라고 했다는 일본 시인의 이야기도 했다. 선생은 또 자기 시의 형식을 포즈라고 명명하기도 했다. 그 때부터 나도 포즈라는 말을 즐겨 썼다. 이 시에서도 '호주 선교사네 울타리에 비스듬히 기대선' 선생의 멋스런 포즈를 묘사 했다.

    처용단장 읽으며
    스켓을 듣는다

    뚜밥 뚜리 뚜밥

    사바다는 사바다
    멕시코는 어디 있는가

    김춘수도 가고
    루이 암스트롱도 떠났지만

    샐비어꽃 든 소녀들이
    재재거리며

푸른 하늘 한 자락을
끌고 간다

웨이아랄라 레이아~~~

다리 난간에 앉아
스켓을 듣는다

여름도 가고
가을도 간다

웨이아랄라 레이아~~~
웨이아랄라 레이아~~~

겨울이 오면
봄도 머지 않으리

웨이아랄라 레이아~~~

- 스켓/ 2019

  루이 암스트롱의 노래를 듣는다. Hello Dolly! 뚜밥 뚜리 뚜밥 익살스런 스켓을 한다.
  스켓은 아무 의미 없는 소리다. 그러나 함께 흥얼거리면서 즐겁다. 웃게 한다.

절로 미소 짓게 한다. 대상도 없으니 부담도 없다.

찔끔찔끔 물감을 흩뿌려 놓듯 얼룩덜룩 그냥 즐겁다.

우리 시는 의미 때문에 너무 지쳐 있다. 의미의 병을 앓는다고 했다.

음악은 그런 강요는 없다. 재즈나 팝, 록이나 스윙, 오랜 친구들과 나는 한집에 살고 있다.

이 시 「스켓」도 아무 의미가 없다. 의미가 없어도 텍스트만으로도 즐겁다. 스켓 음과 김춘수의 무의미 시 「처용단장」도 인용하고 T.S 엘리엇의 「황무지」에서 따온 '웨이아랄라 레이아'도 인용했다. 그것을 다 '스켓'이라는 그릇에 쏟아 넣어 비빔밥을 만들었다. 유희적이다.

이유는 없다. 다리 밑에서 찬 시냇물에 발 담그고 듣는 재즈와 스켓, 그것만으로도 여름은 즐겁다.

4. 내 시의 은유와 이미지

암이었다 반군이었다
본시 피를 나눈 동지였다
그들은 교활하고 치밀하였다
그녀가 아이들을 키우고
헌 양말을 꿰맬 동안
몸의 중심에 은밀히 거점을 만들고
城을 쌓았다
그리고 갈대숲 우거진 붉은 강을 따라
게릴라들이 조금씩
영토를 장악해 갔다
공화국에서는 좌우익이
공존할 수 없었다
적과 죽음이 있을 뿐
동지는 없었다
충성은 새빨간 거짓말이었다
힘을 따라 아군이 되고
적이 되기도 했다
한줌의 머리칼만 남겼던
긴 내란은 속수무책이었다
응급실로 가는 최후의 저지선에서
그가 마른 장작처럼 풀썩 쓰러질 때
반군들도 일제히 쓰러졌다

싸울 적이 없어졌기 때문이다
그들은 공멸을 택한 것이었다.

- 암/ 1989

암은 반군이었다. 어머니는 그 반군에 의해 떠나셨다. 나는 줄기차게 이 시에 매달렸다.

이 시 자체가 한 덩어리의 은유라고 할 수 있다. 암과 반군, 게릴라로 이어지는 은유가 이 시를 끌고 가는 구조다. 나에게서의 은유는 대상을 향해 던지는 물음이다. 은유는 의미 환치의 관계가 아니라 현실 인식과 질문의 수단이기도 하다. 나는 그래서 짧은 말로 강렬하게 비유하는 방식을 택한다. 詩 「암」과 「증오」도 그런 맥락이다.

가진 것으론
그것뿐이다.
무명으로 된
단 두 벌의 수녀복
十字架,
안경,
물통과 구두 한 켤레,
그의 재산은 오직
가난뿐이다.
가슴에 손을 얹고

가만히 고개를 떨구게 하는
가난의 힘,
1910년 産
썩지 않는 유고의 빵.

- 마리아 데레사/ 1997

마리아 데레사 수녀의 서거 소식을 읽은 바로 그 순간에 쓴 詩다.

그의 유품을 그대로 이미지화 했다. 그것들은 그의 정신이므로 사족을 달아서 그르칠 수 없는 것이다. 그가 가진 짐은 오직 그것뿐이다. 짐이 그 사람을 말한다.

내가 사는 관동리는 길이 끝난 산 아래에 있다 갑년이 다 되어서 이곳으로 이사 왔다 길이 끝난 곳에 오색 바람개비가 돌고 있는 SK 가스 충전소가 있다 이따금 연료를 다 써버린 빈 차들이 가스를 가득 채우고 왔던 길로 되돌아가고 있다 아파트 공원에는 수령 300년이 넘은 늙은 느티나무가 옮겨져 있다 느티나무를 둘러싸고 아주 오래된 시간들이 멈춰 있다 달려온 시간들이 멈춰 있다 달려온 마음이 멈춰 있다 나는 피라미들이 살고 있는 새노래천의 물을 길어 조그만 채마밭을 가꾸고 있다 남은 시간을 아주 조금씩 아껴 쓰고 있다 밭을 일구다 간간이 허리를 펴고 관동리에서 굴암산으로 가는 좁은

비탈길을 보고 있다 가스 충전소의 색동 바람개비가 바
람이 그치자 잠시 멈춰 있다

- 관동리시편/ 2010

이 시는 한 묶음의 사물이 하나의 정황을 향하여 달려가는 형식으로 썼다. 이런 방식은 T.S 엘리엇의 초기 비평이론인 객관상관물 이론에서 기인했다. 내 공부의 초기에는 이 이론과 '이야기 없는 이야기 시'「황무지」가 있고 이미지즘을 선도한 에즈라 파운드와 신비평이 있다. 돌이켜보면 고교시절 '4월은 가장 잔인한 달…'이라고 시작되는 시「황무지」를 만난 것은 충격이었다. 그리고 알 수 없는 말, 뜻 없는 말로 뒤섞인 시, 텍스트 자체가 너무 난해해서 경악했던 기억도 새롭다. 그러나 많은 이론 중에도 '하나의 이미지는 그것이 나타내고자 하는 대상이나 감정을 다 담을 수 있다'고 한 그 말은 고전적이지만 나에게는 지금도 유효한 이론이다.

이「관동리시편」에서도 그 詩觀이 바탕이 되고 있다. 이 시는 갑년이 다된 한 남자의 시간에 초점이 맞춰져 있다. 이미지가 모두 그 쪽으로 몰려가고 있는 형식이다. 시어 하나하나가 저마다 시간과 공간의 끝을 암시하고 있다. 다만 SK가스 충전소만이 충전을 기다리며 희미하게 불을 밝히고 있을 뿐이다.

> 새 한 마리 날고 있다
> 새 두 마리 날고 있다
> 한 마리는 공중에
> 한 마리는 땅위에
> 커다란 날개를 펄럭이며
> 날고 있다
> 이 나무에서 저 나무로
> 이쪽에서 저쪽으로
> 날고 있다
> 나르다 문득
> 고욤나무 가지에 앉을 때
> 땅위를 나르던 그림자도
> 사뿐히 날개를 접고
> 새의 몸속으로
> 들어간다
> 언제부터인가
> 새 두 마리가
> 고욤나무 가지에 앉아 있다
> 어제보다 가지가 약간 더
> 휘어져 있다.
>
> — 그림자 2-새/ 2007

이 시는 월간 『현대시학』 2007년 8월호에 신작특집으로 발표된 '그림자 연작시 10편' 중의 한 작품이다. 이 연작시는 프랑스의 유대인 작가 '크리스티앙 볼탕스키'의 설치예술에서 힌트를 얻은 작품이다. 그의 작업은 다소 개념적이긴 하지만 신선한 측면도 있다.

　시를 쓴 시기는 발표시기보다 아마 2, 3년 전일 것이다.

　'크리스티앙 볼탕스키'의 설치 작품은 이렇다.
　허공을 흐느적거리며 부유하는 사람들,
　공중에 덩그마니 매달린 사람들,
　실체가 없어 만질 수 없는 사람들,
　불을 끄면 순식간에 덧없이 사라지고 없는--- 그런 그림자들로 벽면에 가득 차 있었다.
　그는 이 그림자를 통해서 현실은 사라지고 무상한 이미지와 허상, 가상만 남는 세계를- 사물이 제 안에 다른 어떤 형상을 품고 있다가 그림자로써 그 잠재적 형상을 드러내는 것을 표현하고자 했다 한다.
　그리고 작품이란 불변이 아닌 시간과 공간 속에서 끝없이 변하는 존재라는 메시지도 강렬해서 그 느낌이 지금도 뚜렷하다.

그 때 이 작품의 영향으로 경도되었던 나의 화두는 단연 그림자였다. 그리고 그림자는 단순한 허상이 아니라 엄연히 존재하는 무엇이라는 생각과 함께 나의 중심 사유가 되었다. 어차피 존재는 출현하고 소멸하는 것, 그림자도 빛이 있으면 출현하고 빛이 사라지면 소멸한다. 그런 생각으로 그림자에 덮여 보이지 않는 것을 시를 통해 표현하고자 했다.

그리고 마지막 "어제보다 가지가 약간 더 휘어져 있다"는 행은 '마음이 무겁다', '마음이 천근만근이다'라는 일상어에서 보이지 않는 마음을 물질로 가시화해서 쓰고 있다는 것에 착안, '-새 두 마리가/ 고욤나무 가지에 앉아있다./ 어제보다 가지가 약간 더 휘어져 있다.'고 의식을 무게로 물화한 이미지를 쓰게 된 것이다.

이 시는 다소 고전적이지만 대상을 인간화함으로써 자아와 세계를 새롭게 인식하는 '投射'의 방법을 썼다. 거기서 비유를 얻고 내 방식의 새로운 은유와 표현을 얻으려고 했던 것이다.

5. 포스트 잇

나는 '예술과 시는 항상 새로워야 한다.'는 말을 가슴에 담고 있다. 우리는 너무 길들여져 있다. 수많은 담론과 소문, 아우라와 스포일러가 우리에게서 설렘과 꿈을 앗아갔다. 이렇게 설렘과 호기심, 경이로움이 사라지면 시 쓰기가 더 어렵다.

아우라와 소문은 안개와 같다. 유령처럼 떠도는 환상을 걷어내고 우리는 사물과 대상을 있는 그대로 볼 수 있어야 한다. 거기에 시와 예술의 표현이 있다고 나는 굳게 믿는다.

고영조 제 Ⅷ 시집

길모퉁이 카페

발행일 2021년 5월 1일
지은이 고영조
펴낸이 김리아
펴낸곳 불휘미디어
　　　경상남도 창원시 마산합포구 오동동10길 87
　　　(055) 244-2067
　　　2442067@hanmail.net

가격 15,000원
ISBN 979-11-88905-72-0　03810

*이 책은 경남문화예술진흥원의 문화예술지원을 보조받아 발간되었습니다.